Jean-Clément JOLLET

JEUX DE RYTHMES ...
... ET JEUX DE CLÉS

ΠΑΙΧΝΙΔΙΑ ΤΩΝ ΡΥΘΜΩΝ ...
... ΚΑΙ ΠΑΙΧΝΙΔΙΑ ΤΩΝ ΚΛΕΙΔΙΩΝ

JOGOS DE RITMOS ...
... E JOGOS DE CLAVES

JUEGOS DE RITMOS ...
... Y JUEGOS DE CLAVES

PLAYING WITH RHYTHMS ...
... AND PLAYING WITH CLEFS

SPIELE MIT RHYTHMEN ...
... UND SPIELE MIT SCHLÜSSELN

Volume 1 - IM1 (Débutant 1)
Volume 2 - IM2 (Débutants 1 et 2)
Volume 3 - IM3 (Débutant 2 - Préparatoire 1)
Volume 4 - Préparatoire (Préparatoire 2)
Volume 5 - Élémentaire (Élémentaire 1)
*Volume 6 - Moyen (Élémentaire 2)
Volume 7 - Fin d'études
Volume 8 - Supérieur
Volume 9 - Perfectionnement

Τεύχος 1 - Μουσική Μύηση 1 (Αρχάριο 1)
Τεύχος 2 - Μ.Μ. 2 (Αρχάριο 1 και 2)
Τεύχος 3 - Μ.Μ. 3 (Αρχάριο 2 Προπαρασκευαστικό 1)
Τεύχος 4 - Προπαρασκευαστικό (Προπαρασκευαστικό 2)
Τεύχος 5 - Στοιχειώδες (Στοιχειώδες 1)
* Τεύχος 6 - Μεσαίο (Στοιχειώδες 2)
Τεύχος 7 - Τέλος σπουδών
Τεύχος 8 - Ανώτατο
Τεύχος 9 - Τελειοποιηση

Volume 1 - 1° grau
Volume 2 - 2° grau
Volume 3 - 3° grau
Volume 4 - 4° grau
Volume 5 - 5° grau
**Volume 6 - 6° grau*
Volume 7 - 7° grau
Volume 8 - 8° grau
Volume 9 - Aperfeiçoamento

Volumen 1 - IM1 (Principiante 1)
Volumen 2 - IM2 (Principiante 1 y 2)
Volumen 3 - IM3 (Principiante 2 y Preparatoria 1)
Volumen 4 - Preparatoria (Preparatoria 2)
Volumen 5 - Elemental (Elemental 1)
*Volumen 6 - Mediano (Elemental 2)
Volumen 7 - Fin de estudios.
Volumen 8 - Superior
Volumen 9 - Perfeccionamiento

Volume 1 - Beginners 1
Volume 2 - Beginners 2
Volume 3 - Beginners 3
Volume 4 - Medium 1
Volume 5 - Medium 2
***Volume 6 - Medium 3**
Volume 7 - Higher 1
Volume 8 - Higher 2
Volume 9 - Specialization

Heft 1 - Musikalische Einführung 1 (Anfänger 1)
Heft 2 - Musikalische Einführung 2 (Anfänger 1 und 2)
Heft 3 - Musikalische Einführung 3 (Anfänger 2 - Grundstufe 1)
Heft 4 - Grundstufe (Grundstufe 2)
Heft 5 - Elementarstufe (Elementarstufe 1)
**Heft 6 - Mittelstufe (Elementarstufe 2)*
Heft 7 - Abschluß der Mittelstufe
Heft 8 - Oberstufe
Heft 9 - Vervollkommnung

Gérard Billaudot Éditeur

PRÉFACE

Le solfège et la bonne humeur sont-ils compatibles ?
Oui, répond Jean-Clément Jollet, qui procure ici les moyens d'un tel mariage.
Il nous propose des jeux d'exercices, des exercices-jeux, à « géométrie variable », qui donneront à nos élèves d'indéracinables aptitudes à la lecture.
A nous de jouer !

Aline HOLSTEIN

NOTE DE L'AUTEUR

Le but de cette série de manuels est essentiellement technique. Ces livres perdent toute leur valeur s'ils ne débouchent pas sur l'étude de textes musicaux.*

Jean-Clément JOLLET

** Du même auteur : Lire, entendre, analyser - chez le même Editeur*

ΠΡΟΛΟΓΟΣ

Το solfège και η καλή διάθεση είναι συμβατά;
Ναι, απαντάει ο Jean - Clément Jollet, που μας προμηθεύει εδώ τα μέσα ενός τέτοιου παντρέματος.
Μας προτείνει παιχνίδια ασκήσεων, ασκήσεις-παιχνίδια, σε "ποικιλόμορφη γεωμετρία", που θα καταστήσουν τους μαθητές μας επιδέξιους στην ανάγνωση.
Ας παίξουμε.

Aline HOLSTEIN

ΣΗΜΕΙΩΣΗ ΤΟΥ ΣΥΓΓΡΑΦΕΑ

Ο σκοπός αυτής της σειράς των εγχειριδίων είναι καθαρά τεχνικός. Αυτά τα βιβλία χάνουν ολοκληρωτικά την αξία τους, αν δεν ανοίγουν το δρόμο για τη μελέτη μουσικών κειμένων *

Jean-Clément JOLLET

* Του ίδιου συγγραφέα : Lire, entendre, analyser - από τον ίδιο εκδοτικό οίκο.

PREFÁCIO

Será que o solfejo e o bom humor são compatíveis?
Sim, responde Jean-Clément Jollet, que apresenta aqui os meios de tal união .
Propõe assim jogos de exercícios e exercícios-jogos, em "geometria variável", que darão aos nossos alunos inegáveis aptidões de leitura.
Mãos à obra!

Aline HOLSTEIN

NOTA DO AUTOR

*O objectivo desta série de manuais é essencialmente técnico. Estes livros perderão contudo todo o seu valor se não forem complementados com textos musicais do reportório.**

Jean-Clément JOLLET

** Do mesmo autor: Ler, ouvir, analisar - no mesmo editor*

PREFACIO

¿Son compatibles el solfeo y el buen humor?
Sí, contesta Jean-Clément Jollet, que entrega aquí los medios de tal enlace .
Nos propone juegos de ejercicios, ejercicios-juegos, de " geometría variable " que darán a nuestros alumnos unas inolvidables aptitudes a la lectura.
¡ Nos toca jugar !

Aline HOLSTEIN

NOTA DEL AUTOR

El propósito de esta serie de manuales es esencialmente técnico. Estos libros pierden todo su valor si no desembocan sobre el estudio de textos musicales *

Jean-Clément JOLLET

* Del mismo autor : "Leer, oír, analizar" en la misma Editorial

PREFACE

Is it possible to combine musical theory and fun?
Jean-Clement Jollet says: "Yes!", and gives us here the means for this marriage.
Here are sets of exercises to play and to play at in all shapes and sizes, tailor-made by Jean-Clement Jollet to give students solidly grounded skills in reading music.
Now it's our turn to play!

Aline Holstein

AUTHOR'S NOTE

The purpose of this series of manuals is essentially technical. These books become completely valueless unless they lead to the study of musical texts.

Jean-Clément Jollet

* by the same author : Reading, Hearing, Analysing. Ed. Billaudot.

VORWORT

Unterricht und gute Laune - verträgt sich das?
Jean-Clément Jollet bejaht die Frage und stellt hier die Mittel einer solchen Verbindung bereit.
Er schlägt uns spielerische Übungen und Übungsspiele mit «variabler Konstellation» vor, die unseren Schülern Lesefähigkeiten vermitteln werden, die sie nicht mehr verlernen können.
Es liegt an uns, das Spiel zu beginnen!

Aline HOLSTEIN

ANMERKUNG DES AUTORS

*Die vorliegende Heftfolge zielt im wesentlichen auf die Technik ab. Die Hefte verlieren ihren ganzen Wert, wenn sie nicht zur Übung mit Musik führen.**

Jean-Clément JOLLET

**Vom gleichen Autor : Lesen, Hören, Analysieren- beim gleichen Verlag*

NOTE PRÉLIMINAIRE

La première partie de cet ouvrage consacrée au travail rythmique est la suite logique des exercices proposés dans les volumes précédents, à savoir :

- travail spécifique de certaines difficultés
- exercices variés alternant textes classiques, polyrythmie, approche de l'improvisation, ensembles rythmiques, etc.

Ces exercices restent dans une tessiture normale permettant à l'élève de les exécuter sur son instrument. Ils ne sont probants que si tous les paramètres rythmiques sont respectés : tempo indiqué, articulations, nuances, et, dans tous les cas, dynamique.

La seconde partie, consacrée à l'étude des clés est de conception différente par rapport aux volumes précédents. A partir de ce niveau, les nouvelles clés 𝄡 puis 𝄡 et 𝄢 (Volumes 7 et 8) servent uniquement à la transposition et aux instruments transpositeurs. Nous présentons ici des extraits d'œuvres à lire en sons réels. Bien entendu nous avons conservé les textes originaux, c'est-à-dire avec les rythmes, nuances, articulations..., tels qu'on peut les trouver dans la partition.

Ainsi, après avoir détaillé dans les niveaux précédents, on accède peu à peu à une synthèse des divers éléments de la musique. La lecture de clés se transformera progressivement en lecture de partition associée à une lecture intérieure.
Certains de ces textes peuvent être travaillés sous tous les aspects de la formation musicale.

Seule la nouvelle clé est abordée a priori d'une manière plus conventionnelle.

ΠΡΟΚΑΤΑΡΚΤΙΚΗ ΣΗΜΕΙΩΣΗ

Το πρώτο μέρος αυτού του συγγράμματος, που είναι αφιερωμένο στη ρυθμική μελέτη, αποτελεί τη λογική ακολουθία των ασκήσεων που προτάθηκαν στα προηγούμενα τεύχη, δηλαδή :

- ειδική μελέτη ορισμένων δυσκολιών
- ποικίλες ασκήσεις που εναλλάσσουν κλασικά κείμενα, πολυρυθμία, προσέγγιση στον αυτοσχεδιασμό, ρυθμικά σύνολα κ.λ.π.

Αυτές οι ασκήσεις παραμένουν σε κανονική έκταση επιτρέποντας στο μαθητή να τις εκτελέσει στο όργανό του. Είναι αποδεκτές, μόνον εφ'όσον σέβονται όλες τις ρυθμικές παραμέτρους : το tempo που υποδεικνύεται, τις αρθρώσεις των συλλαβών (που αντιστοιχούν στους φθόγγους), τους χρωματισμούς και όλες τις περιπτώσεις της δυναμικής.

Το δεύτερο μέρος που είναι αφιερωμένο στη μελέτη των κλειδιών είναι διαφορετικής επινόησης σε σχέση με τα προηγούμενα τεύχη. Απ' αυτό το επίπεδο, τα καινούρια κλειδιά 𝄡 έπειτα 𝄡 και 𝄢 (Τεύχη 7 και 8) χρησιμοποιούνται αποκλειστικά στη "μεταφορά" (transposition) και στα "μεταφερόμενα" όργανα. Παρουσιάζουμε εδώ αποσπάσματα έργων που θα διαβαστούν στους πραγματικούς ήχους. Φυσικά κρατήσαμε τα πρωτότυπα κείμενα, δηλαδή με τους ρυθμούς, τους χρωματισμούς, τις αρθρώσεις..., όπως τα βρίσκουμε στην παρτιτούρα.

Έτσι, έχοντας κάνει λεπτομερή μελέτη στα προηγούμενα τεύχη, πλησιάζουμε σιγά-σιγά σε μία σύνθεση των διαφόρων στοιχείων της μουσικής. Η ανάγνωση των κλειδιών θα μετατραπεί προοδευτικά σε ανάγνωση παρτιτούρας που θα συνοδεύεται από μία εσωτερική ανάγνωση. Ορισμένα από αυτά τα κείμενα μπορούν να μελετηθούν με όλους τους τρόπους της μουσικής παιδείας.

Μόνο το καινούριο κλειδί θίγεται αρχικά με τρόπο πιο παραδοσιακό.

Μετάφραση : Ευγενία ΒΙΚΑΤΟΥ
Καθηγήτρια Μουσικής στο Πανεπιστήμιο Πατρών

NOTA PRELIMINAR

A primeira parte desta obra, consagrada ao trabalho rítmico, é a continuação lógica dos exercícios propostos nos volumes precedentes, ou seja :

- trabalho específico de algumas dificuldades rítmicas
- exercícios variados alternando textos tradicionais, polirritmia, iniciação à improvisação, conjuntos rítmicos, etc.

Estes exercícios são apresentados numa tessitura confortável possibilitando ao aluno uma execução com o seu instrumento. Eles só serão válidos se todos os parâmetros rítmicos forem respeitados : andamento, articulação, fraseado, dinâmica, devendo o resultado ser sempre dinâmico.

Na segunda parte, que é consagrada ao estudo das claves, a concepção é diferente em relação aos volumes precedentes. A partir deste volume as novas claves seguida da e da (Volumes 7 e 8) servirão unicamente à transposição e à leitura dos sons reais dos instrumentos transpositores. E óbviamente nós conservámos os textos com as indicações originais, ou seja, com o ritmo, dinâmica, articulações..., tal como os encontramos nas partituras.

Assim, após ter detalhado nos volumes precedentes, chegamos pouco a pouco a uma síntese dos diversos elementos da música. A leitura de claves transformar-se-á progressivamente numa leitura de partituras acompanhada de uma leitura interior.
Alguns destes textos poderão ser trabalhados sobre todos os aspectos da Formação Musical.

Só a nova clave é que é abordada de uma maneira mais convencional.

Tradução de João PINHEIRO

Director Pedagógico da Academia Nacional Superior de Orquestra e Professor e Coordenador do Curso de Formação Musical na Escola Superior de Música de Lisboa.

NOTA PRELIMINAR

La primera parte de este libro, dedicada al trabajo rítmico, es la continuación lógica de los ejercicios propuestos en los volúmenes anteriores, o sea :

- trabajo específico de ciertas dificultades.
- ejercicios variados que alternan textos clásicos, poliritmo, aprendizaje de la improvisación, conjunto rítmico, etc...

Estos ejercicios quedan en una tesitura normal que permite al alumno ejecutarlos en su instrumento sólo valen si se respetan todos los parámetros rítmicos : compás indicado, articulaciones, colorido y, en cualquier caso, dinámica.

La segunda parte, dedicada al estudio de las claves es de concepto diferente, con relacíon a los volúmenes anteriores. A partir de este nivel, las nuevas claves luego y (Volúmenes 7 y 8) sólo sirven para la transposición y los instrumentos transponedores. Presentamos aquí extractos de obras que se deben leer en sonidos reales. Por supuesto, hemos conservado los textos originales, es decir con los ritmos, colorido, articulaciones, tales como se pueden encontrar en la partitura.

Así, después de detallar en los niveles anteriores, se alcanza poco a poco una síntesis de los diversos elementos de la música. La lectura de las claves se irá transformando en lectura de partitura, acompañada por una lectura interior.
Algunos de estos textos pueden estudiarse bajo todos los aspectos de la formación musical.

Sólo la nueva clave es abordada, antes de cualquíer experiencia, de modo más convencional.

Traducción de Françoise SANTAMARIA

INTRODUCTORY NOTE

The first part of this work is devoted to rhythmic work and follows on logically from the exercises proposed in the foregoing volumes, composed of :

- specific practice of certain difficulties ;
- varied exercises alternating classical texts, polyrhythms, an introduction to improvisation, rhythmic ensembles, etc.

These exercices are restricted to a normal range so that the student can play them on his instrument. They fulfil their purpose only if all the rhythmic indications are respected : the tempo given, phrasing, variations in volume and dynamics in every case.

The second part, devoted to the study of clefs, is differently conceived from the foregoing volumes. From this level onwards, the new clefs 𝄡 , then 𝄡 and 𝄢 (Volumes 7 and 8) are used solely for transposition and for transposing instruments. Here we present extracts from works to be read in real sounds. Naturally, we have kept the original texts, that is to say with the rhythms, variations in volume and the phrasing, etc., just as they are found in the score.

Hence, following on from the detailed study in the foregoing works, a synthesis of the various elements of music is gradually attained. The reading of clefs is progessively transformed into the reading of a score accompanied by an interior reading.
Some of these texts can be studied from all the aspects of musical education.

Only the new clef is introduced at first in a more conventional manner.

Translation by Andrew Wade

VORBEMERKUNG

Der erste Teil dieses Heftes zur Übung der Rhythmik bildet die logische Fortsetzung zu den vorgeschlagenen Übungen der vorangegangenen Hefte, nämlich :

- *spezifische Übung bestimmter Schwierigkeiten*
- *verschiedene Übungen im Wechsel von klassischen Stücken mit Polyrhythmie, Annäherungen zur Improvisation, rhythmischen Ensembles usw.*

Die Übungen bleiben in der normalen Stimmlage, damit der Schüler sie auf seinem Instrument ausführen kann. Sie gelingen nur dann überzeugend, wenn alle rhythmischen Parameter beachtet werden : das angegebene Tempo, die Tonstärken und in allen Fällen die Dynamik.

Der zweite Teil zum Studium der Schlüssel unterscheidet sich in seiner Konzeption gegenüber den vorausgegangenen Heften.
Ab dem Kursniveau dieses Heftes dienen die neuen Schlüssel 𝄡 dann 𝄡 und 𝄢 (Hefte 7 und 8) einzig der Transposition bzw. den transponierenden Instrumenten. Wir geben hier die Werkausschnitte so wieder, wie sie real klingen. Selbstverständlich haben wir dabei den originalen Notentext bewahrt, das heißt mit der Rhythmik, den Tonstärken und Artikulationen, wie sie in den Partituren zu finden sind.

So gelangt man nach den einzelnen Ausführungen der vorangegangenen Stufen nach und nach zu einer Synthese der verschiedenen Elemente der Musik. Das Schlüssellesen wird schrittweise ins Partiturlesen, begleitet von der inneren Klangvorstellung, übergeführt. Bestimmte Stücke können unter allen Gesichtspunkten der musikalischen Ausbildung geübt werden.

Lediglich der neue Schlüssel wird von vornherein auf eine eher konventionelle Weise eingeführt.

Übersetzung von Dr. Peter JOST

A Roger PIROLLEY

JEUX DE RYTHMES...

ΠΑΙΧΝΙΔΙΑ ΤΩΝ ΡΥΘΜΩΝ...

JOGOS DE RITMOS...

JUEGOS DE RITMOS...

PLAYING WITH RHYTHMS...

SPIELE MIT RHYTHMEN...

1

Moderato ♩ = 63
2
f
f
p
pp
pppp

2

2 hauteurs | 2 ύψη | *2 níveis* | 2 alturas | **2 levels** | ***2 Tonhöhen***

1

2 groupes alternés | 2 εναλλασσόμενες ομάδες | *2 grupos em alternância* | 2 grupos alternados | **2 alternate groups** | ***2 alternierende Gruppen***

2

3

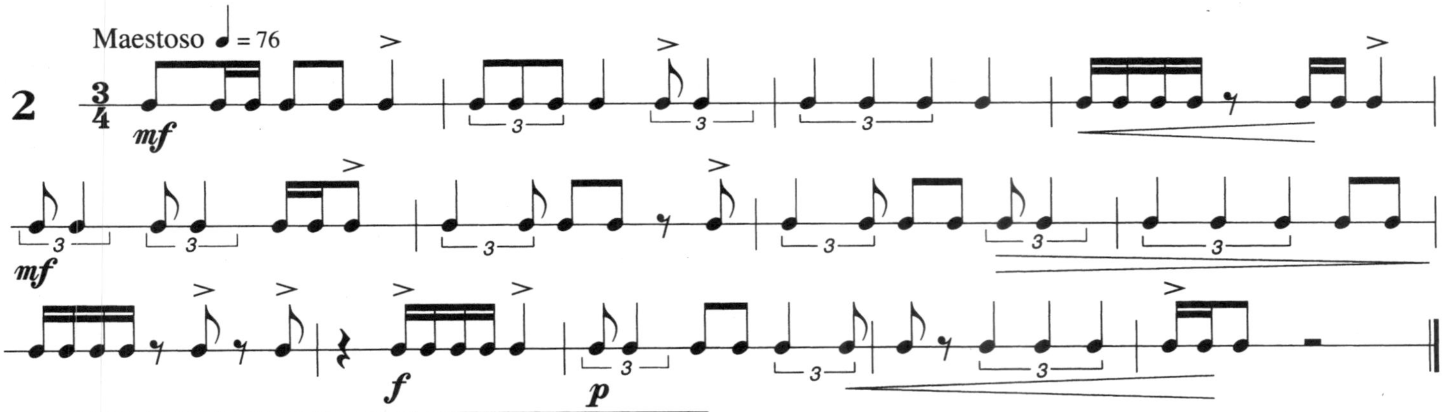

2 voix	2 φωνές	*2 vozes*	2 voces	**2 parts**	***2 Stimmen***

4

à la 𝅗𝅥 | στο 𝅗𝅥 | *à* 𝅗𝅥 | a la 𝅗𝅥 | in 𝅗𝅥 | *in* 𝅗𝅥

2 hauteurs | 2 ύψη | *2 níveis* | 2 alturas | **2 levels** | ***2 Tonhöhen***

(l'istesso tempo)

Amoroso 𝅗𝅥 = 80
2
mf cantabile
p
f

5

1

3 groupes | 3 ομάδες | *3 grupos* | 3 grupos | **3 groups** | ***3 Gruppen***

2

6

à la ♪ | στο ♪ | à ♪ | a la ♪ | in ♪ | in ♪

2 hauteurs | 2 ύψη | *2 níveis* | 2 alturas | **2 levels** | ***2 Tonhöhen***

2

(1) improvisation collective | συλλογικός αυτοσχεδιασμός | *improvisação colectiva* | improvisación colectiva | **collective improvisation** | ***gemeinsame Improvisation***

3

(2) Portées vides permettant aux élèves de composer un texte rythmique suivant les rythmes travaillés.

Κενά πεντάγραμμα που επιτρέπουν στους μαθητές να συνθέσουν ένα ρυθμικό κείμενο, σύμφωνα με τις αξίες που μελετήθηκαν.

Pautas vazias que possibilitam aos alunos a composição de um texto rítmico, de acordo com os ritmos já trabalhados.

Pentagramas vacíos que permiten a los alumnos componer un texto rítmico según los ritmos estudiados.

Empty staves for the students to compose a rhythmic text following the rhythms practised.

Leere Systeme, die einem Schüler erlauben, einen rhythmischen Notentext nach den geübten Rhythmen zu komponieren.

7

à la ♪ | στο ♪ | *à* ♪ | a la ♪ | in ♪ | *in* ♪

2 voix | 2 φωνές | *2 vozes* | 2 voces | 2 parts | *2 Stimmen*

8

Combinaisons de 𝅘𝅥𝅰 | Συνδυασμοί του 𝅘𝅥𝅰 | *Combinações de* 𝅘𝅥𝅰

Combinaciones de 𝅘𝅥𝅰 | Combinations of 𝅘𝅥𝅰 | *Kombination mit* 𝅘𝅥𝅰

1

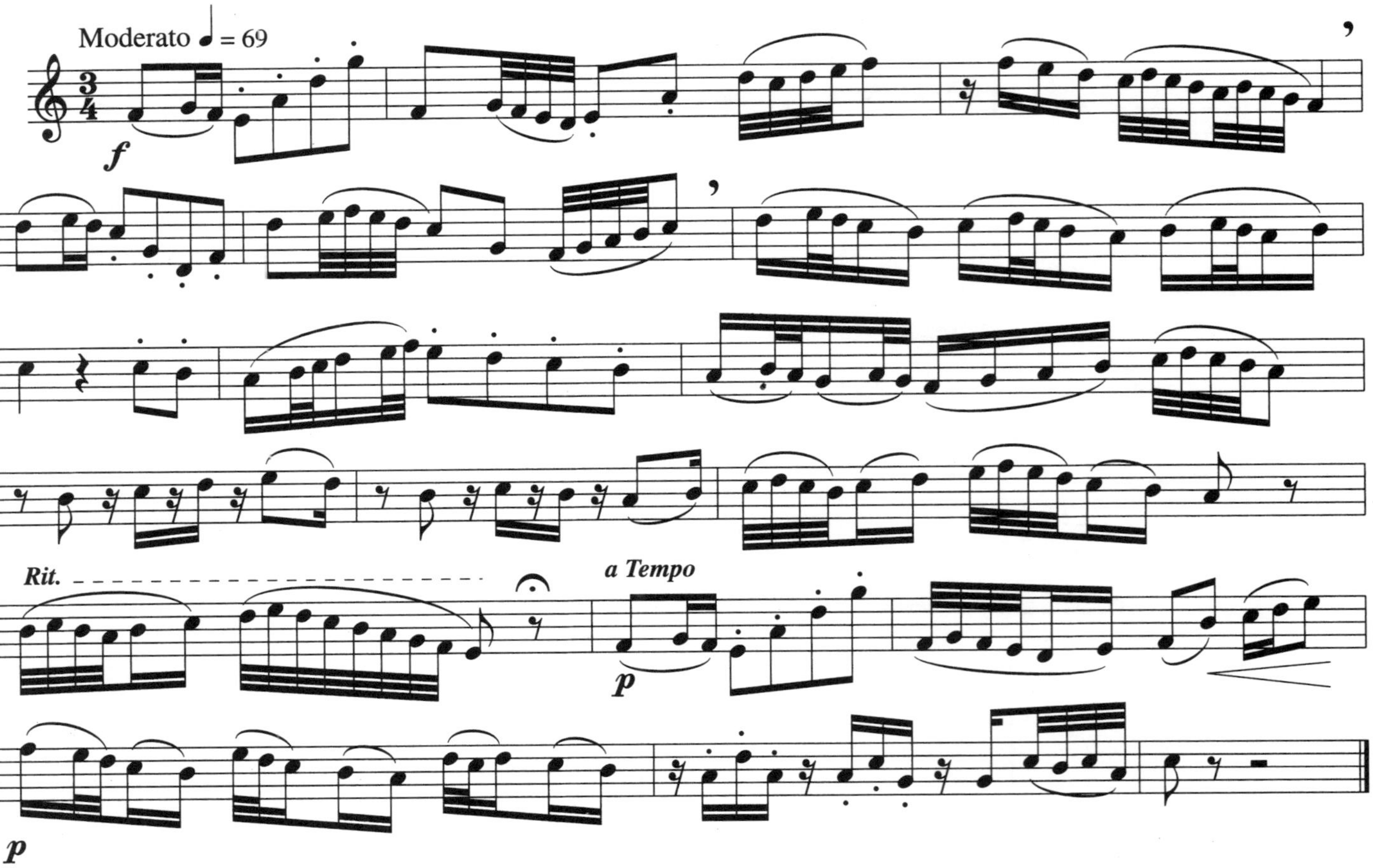

2 groupes alternés | 2 εναλλασσόμενες ομάδες | *2 grupos em alternância*

2 grupos alternados | 2 alternate groups | *2 alternierende Gruppen*

2

9

Alterné | Εναλλασσόμενο | *Alternado* | Alternado | **Alternated** | ***Alternierend***

(*)
improvisation collective | συλλογικός αυτοσχεδιασμός | *improvisação colectiva* | improvisación colectiva | **collective improvisation** | ***gemeinsame Improvisation***

3 groupes (Canon) | 3 ομάδες (κανόνας) | *3 grupos (Cânone)* | 3 grupos (Canon) | **3 groups (Canon)** | ***3 Gruppen (Kanon)***

10 Récapitulation | Ανακεφαλαίωση | *Revisões* | Recapitulación | **Recapitulation** | ***Zusammenfassung***

Alterné | Εναλλασσόμενο | *Alternado* | Alternado | **Alternated** | ***Alternierend***

(1) improvisation individuelle | ατομικός αυτοσχεδιασμός | *improvisação individual* | improvisación individual | **individual improvisation** | ***individuelle Improvisation***

(2) improvisation collective | συλλογικός αυτοσχεδιασμός | *improvisação colectiva* | improvisación colectiva | **collective improvisation** | ***gemeinsame Improvisation***

11

temps = temps	χρόνος = χρόνος
Tempo = Tempo	tiempo = tiempo
beat = beat	*Tempo = Tempo*

1- 2 - 3 hauteurs | 1 - 2 - 3 ύψη | *1 - 2 - 3 níveis* | 1 - 2 - 3 alturas | **1 - 2 - 3 levels** | ***1 - 2 - 3 Tonhöhen***

(1)

2 hauteurs : celle du bas frappée à la main, celle du haut avec un crayon.

2 alturas : la de abajo golpeada con la mano, la de arriba con un lápiz.

2 ύψη : το κάτω εκτελείται χτυπώντας με το χέρι, το πάνω με ένα μολύβι.

2 levels : the lower level tapped with the hand, the upper one with a pencil.

2 níveis : a linha de baixo com a mão e a de cima com um lápis.

2 Tonhöhen : die tiefere mit der Hand geklopft, die höhere mit einem Bleistift.

(2)

3 hauteurs : id. la partie supérieure est donnée sur une onomatopée (ta, pam ...)

3 alturas : id. la parte superior es dada con una onomatopeya (ta, pam etc...)

3 ύψη : κατά τον ίδιο τρόπο,τη δε ψηλότερη φωνή προσδίδοντάς της την ονομασία μιας συλλαβής (τα, παμ κ.λ.π...)

3 levels : levels 2 and 3 as above ; the top level performed on a syllable (ta, pam, etc...).

3 níveis : idem acrescentando a linha superior com uma onomatopeía (ta, pam, etc.)

3 Tonhöhen ; wie oben, dabei die oberste auf einem Laut gesungen (ta, pam usw.)

2

(*)

3

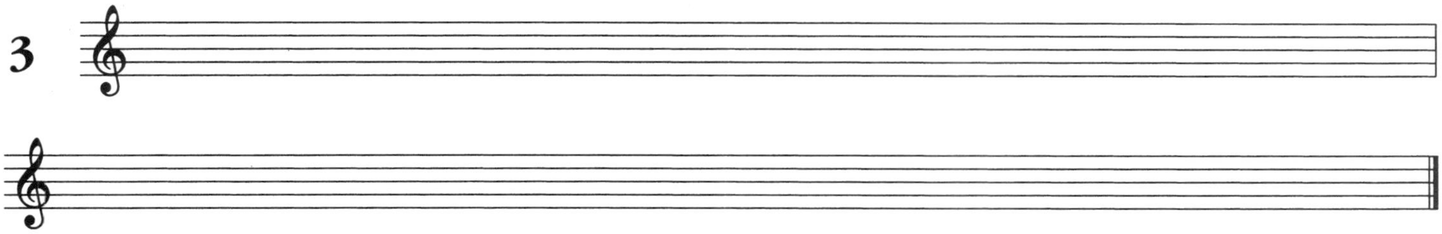

(*) Portées vides permettant aux élèves de composer un texte rythmique suivant les rythmes travaillés.

Κενά πεντάγραμμα που επιτρέπουν στους μαθητές να συνθέσουν ένα ρυθμικό κείμενο, σύμφωνα με τις αξίες που μελετήθηκαν.

Pautas vazias que possibilitam aos alunos a composição de um texto rítmico, de acordo com os ritmos já trabalhados.

Pentagramas vacíos que permiten a los alumnos componer un texto rítmico según los ritmos estudiados.

Empty staves for the students to compose a rhythmic text following the rhythms practised.

Leere Systeme, die einem Schüler erlauben, einen rhythmischen Notentext nach den geübten Rhythmen zu komponieren.

12

Ternaire : révision | Τριμερές : επανάληψη | *Divisão ternária : revisões*
Ternario : repaso | Ternary rhythm : revision | ***Dreizeitig : Wiederholung***

2 hauteurs | 2 ύψη | *2 níveis* | 2 alturas | **2 levels** | ***2 Tonhöhen***

2 voix | 2 φωνές | *2 vozes* | 2 voces | **2 parts** | ***2 Stimmen***

(*) L'élève devra composer la 2e voix | Ο μαθητής οφείλει να συνθέσει τη 2η φωνή | *O aluno deverá compôr uma 2 a voz*
El alumno tendrá que componer la 2a voz | **The student must compose the 2nd part** | ***Der Schüler soll die 2. Stimme komponieren***

13

2 groupes alternés	2 εναλλασσόμενες ομάδες	*2 grupos em alternância*
2 grupos alternados	**2 alternate groups**	***2 alternierende Gruppen***

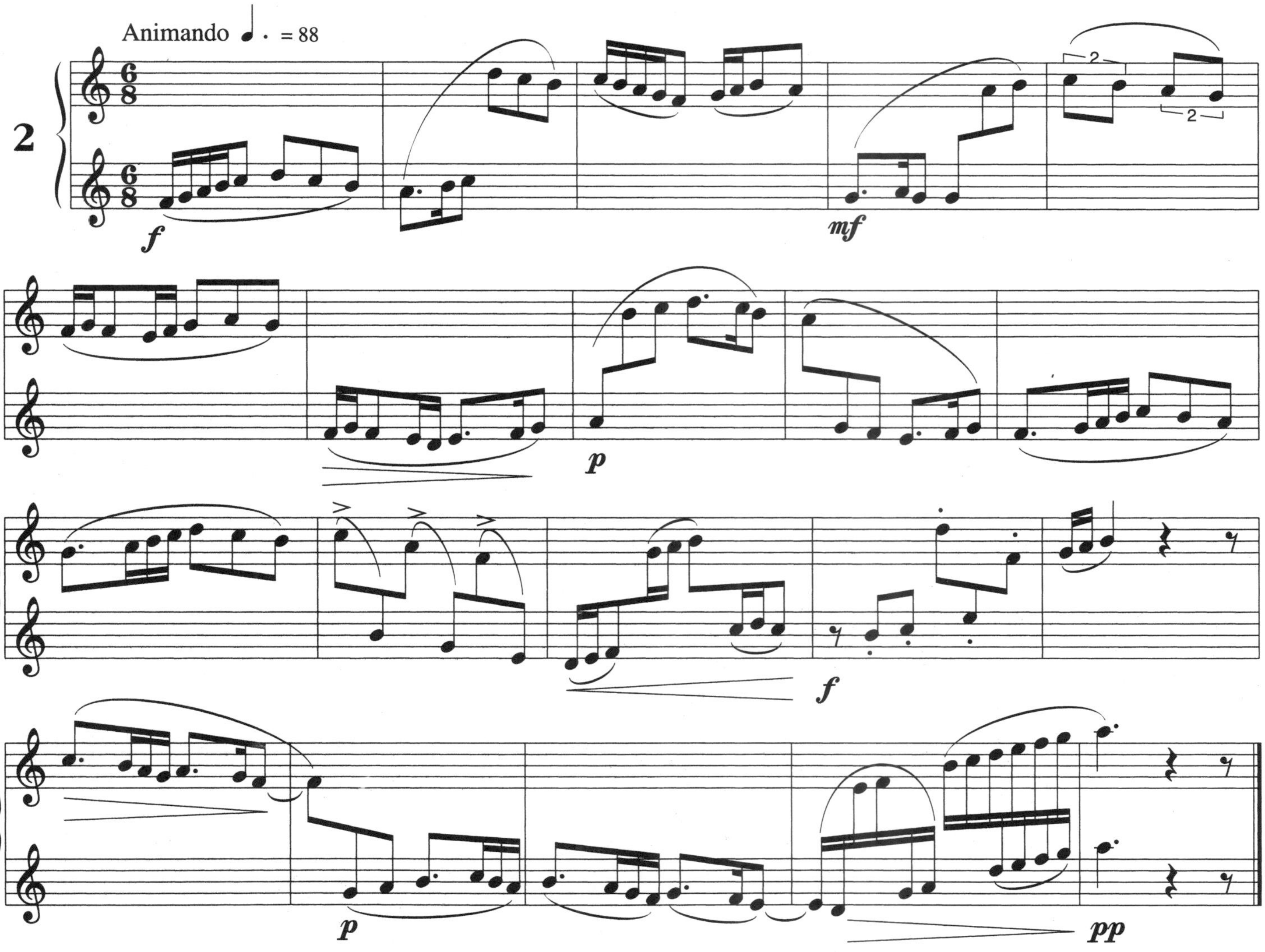

14

Combinaisons de 𝅘𝅥𝅱	Συνδυασμοί του 𝅘𝅥𝅱	*Combinações de* 𝅘𝅥𝅱
Combinaciones de 𝅘𝅥𝅱	Combinations of 𝅘𝅥𝅱	*Kombination mit* 𝅘𝅥𝅱

1

Alterné | Εναλλασσόμενο | *Alternado* | Alternado | Alternated | *Alternierend*

2

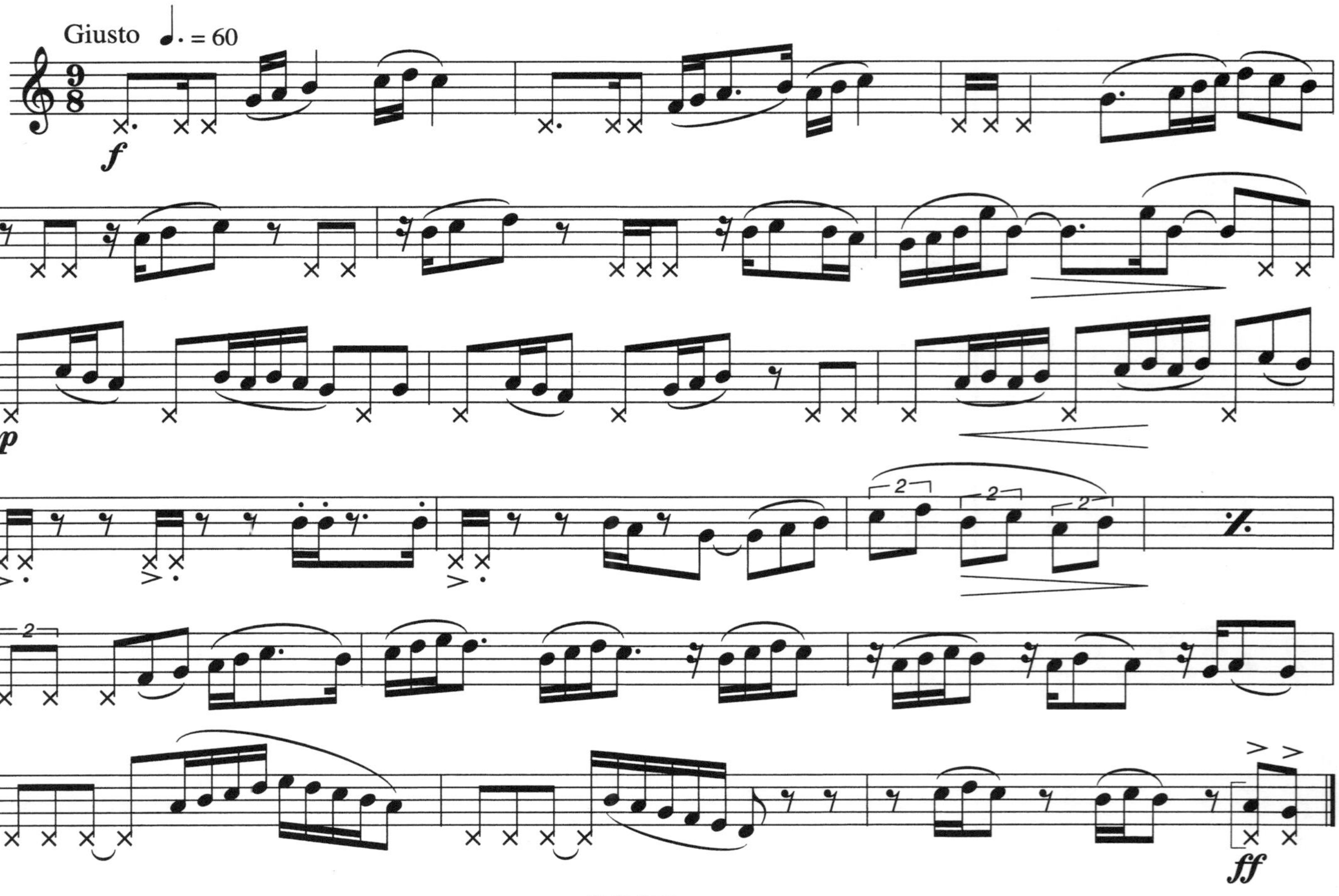

15

Ternaire décomposé | Αναλύοντας τριμερείς χρόνους
Divisão Ternária subdividida | Ternario descompuesto
Broken down ternary rhythms | *Aufteilung der Dreizeitigkeit*

2 voix | 2 φωνές | *2 vozes* | 2 voces | **2 parts** | ***2 Stimmen***

16

à la ♪. | στο ♪. | à ♪. | a la ♪. | in ♪. | in ♪.

1

2

3
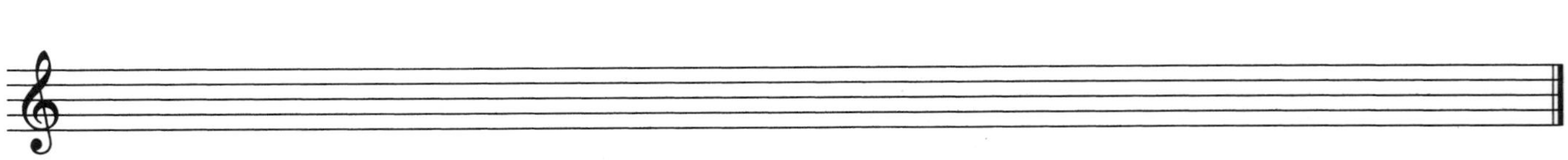

17

3 groupes | 3 ομάδες | *3 grupos* | 3 grupos | **3 groups** | *3 Gruppen*

1

(1)
improvisation individuelle | ατομικός αυτοσχεδιασμός | *improvisação individual* | improvisación individual | **individual improvisation** | ***individuelle Improvisation***

(2)
improvisation collective | συλλογικός αυτοσχεδιασμός | *improvisação colectiva* | improvisación colectiva | **collective improvisation** | ***gemeinsame Improvisation***

2

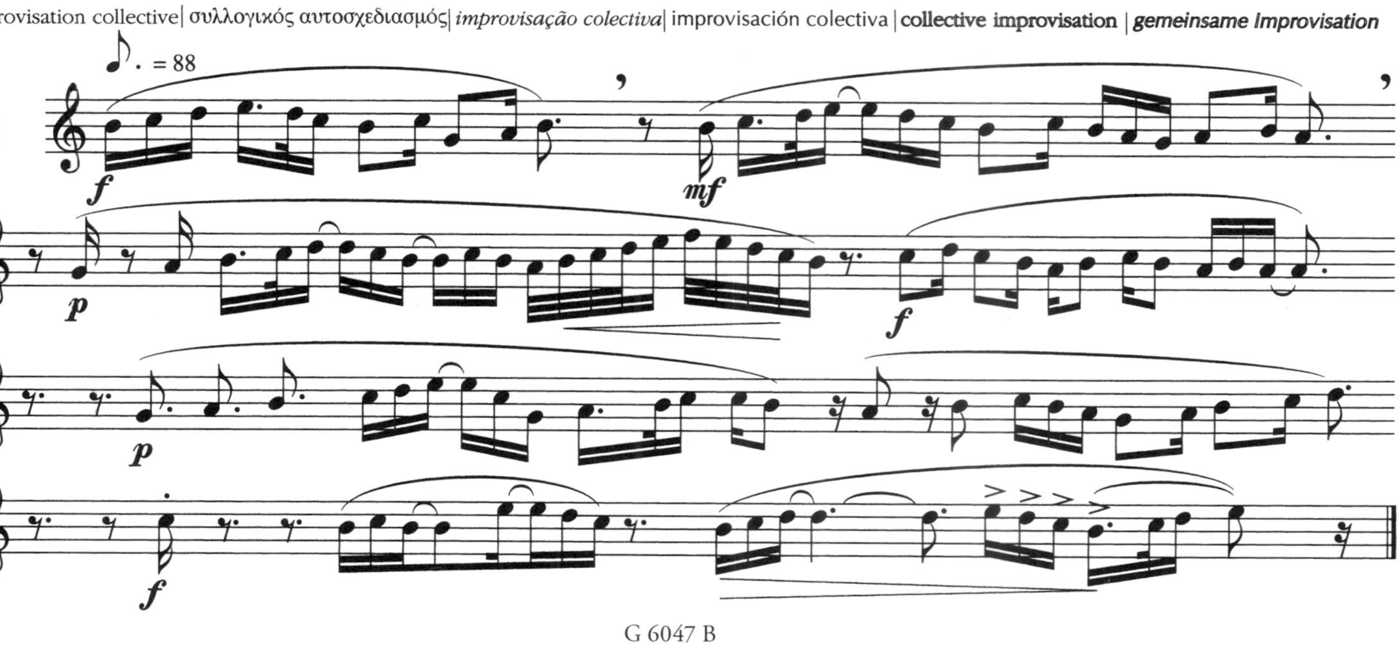

18

à la 𝅗𝅥. | στο 𝅗𝅥. | *à* 𝅗𝅥. | a la 𝅗𝅥. | in 𝅗𝅥. | *in* 𝅗𝅥.

2 voix | 2 φωνές | *2 vozes* | 2 voces | **2 parts** | ***2 Stimmen***

19

à la 𝅗𝅥. | στο 𝅗𝅥. | *à* 𝅗𝅥. | a la 𝅗𝅥. | in 𝅗𝅥. | *in* 𝅗𝅥.

3 hauteurs | 3 ύψη | *3 níveis* | 3 alturas | **3 levels** | ***3 Tonhöhen***

(1) improvisation individuelle | ατομικός αυτοσχεδιασμός | *improvisação individual* | improvisación individual | **individual improvisation** | ***individuelle Improvisation***

(2) improvisation collective | συλλογικός αυτοσχεδιασμός | *improvisação colectiva* | improvisación colectiva | **collective improvisation** | ***gemeinsame Improvisation***

20

Rythmes binaires dans les mesures ternaires	Διμερείς χρόνοι σε σύνθετα μέτρα	*Ritmos de Divisão Binária em Compassos de Divisão Ternária*
Ritmos binarios en los compases ternarios	Binary rhythms in ternary rhythm bars	*Zweizeitige Rhythmen in dreizeitigen Takten*

1

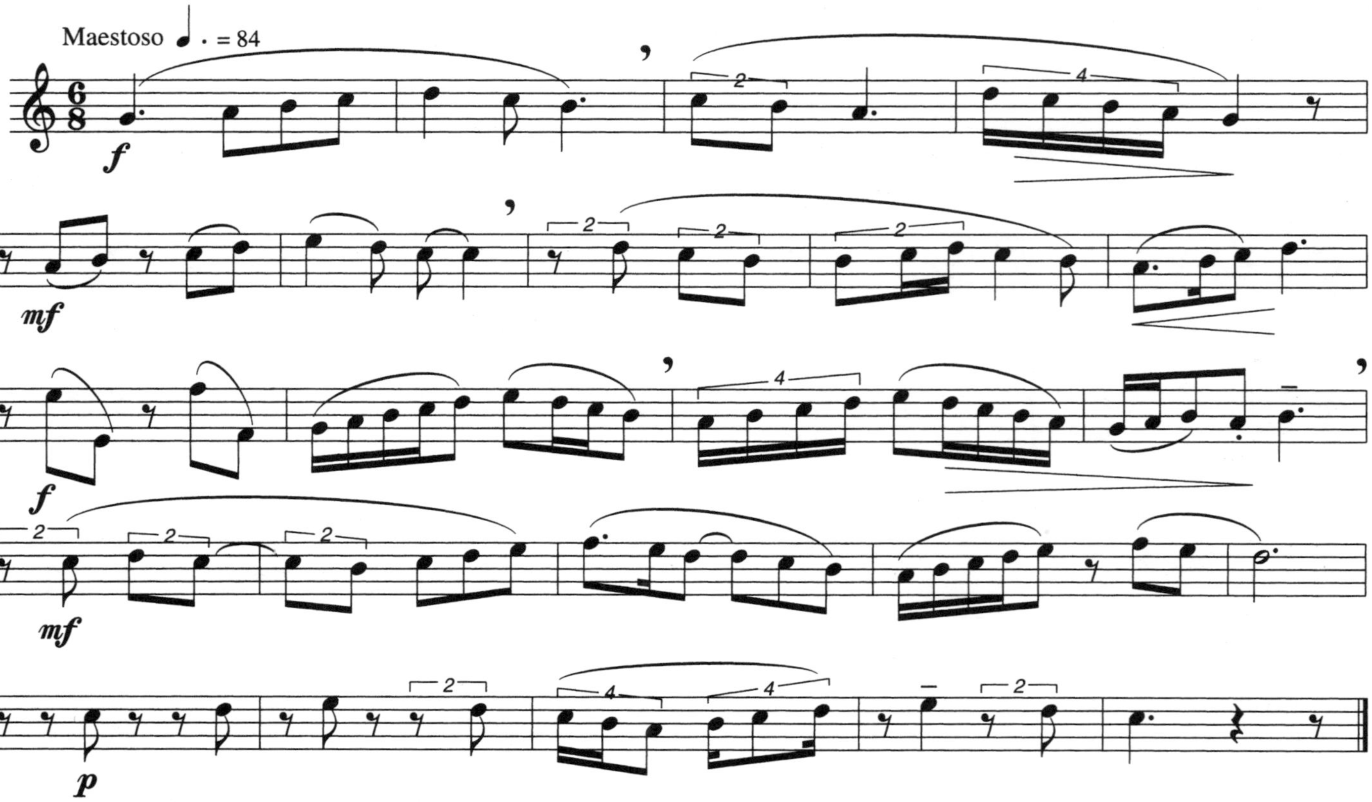

2

3

21

temps = temps	χρόνος = χρόνος
Tempo = Tempo	tiempo = tiempo
beat = beat	*Tempo = Tempo*

2 groupes alternés	2 εναλλασσόμενες ομάδες	*2 grupos em alternância*
2 grupos alternados	2 alternate groups	*2 alternierende Gruppen*

22

Mélange binaire - ternaire temps = temps	Συνδυασμός διμερούς - τριμερούς χρόνος = χρόνος	*Alternância Divisão Binária - Divisão Ternária* *Tempo = Tempo*
Mezcla binario - ternario tiempo = tiempo	Mixture of binary and ternary rhythms beat = beat	*Zwei - und dreizeitige Rhythmen vermischt* *Tempo = Tempo*

Alterné | Εναλλασσόμενο | *Alternado* | Alternado | **Alternated** | ***Alternierend***

2 voix	2 φωνές	*2 vozes*	2 voces	**2 parts**	***2 Stimmen***

3

(1)

4

(1) voir note page 14| βλέπε τη σημείωση στη σελίδα 14| *ver nota na pág.14* |véase nota página 14| **see note page 14** | ***siehe Anmerkung Seite 14***

23

Récapitulation | Ανακεφαλαίωση | *Revisões*
Recapitulación | Recapitulation | *Zusammenfassung*

1- 2 - 3 hauteurs | 1 - 2 - 3 ύψη | *1 - 2 - 3 níveis* | 1 - 2 - 3 alturas | **1 - 2 - 3 levels** | ***1 - 2 - 3 Tonhöhen***

(*) = accelerando

24

Récapitulation | Ανακεφαλαίωση | *Revisões* | Recapitulación | Recapitulation | *Zusammenfassung*

2 groupes | 2 ομάδες | *2 grupos* | 2 grupos | **2 groups** | ***2 Gruppen***

(*) frappé sur 2 hauteurs | χτυπώντας σε 2 ύψη | *percutido em 2 níveis* | golpeado sobre 2 alturas | **tapped on 2 levels** | ***auf 2 Tonhöhen geklopft***

... ET JEUX DE CLÉS

... ΚΑΙ ΠΑΙΧΝΙΔΙΑ ΤΩΝ ΚΛΕΙΔΙΩΝ

... *E JOGOS DE CLAVES*

...Y JUEGOS DE CLAVES

... AND PLAYING WITH CLEFS

...*UND SPIELE MIT SCHLÜSSELN*

A. 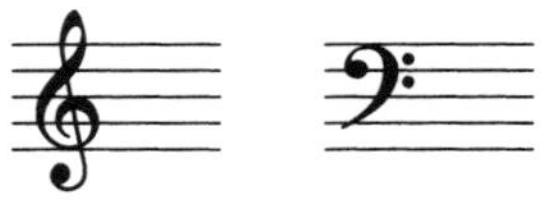 ---------------------- p. 37

B.  -------------------- p. 40

C.  -------------- p. 43

D.  ---------------------------- p. 47

E.  -------- p. 51

1 A. 

TABLEAUX D'UNE EXPOSITION (PROMENADE II) — Modeste MOUSSORGSKY (1839-1881)

SONATE MONODIQUE POUR PIANO (IV) — Maurice OHANA (1914-1992)

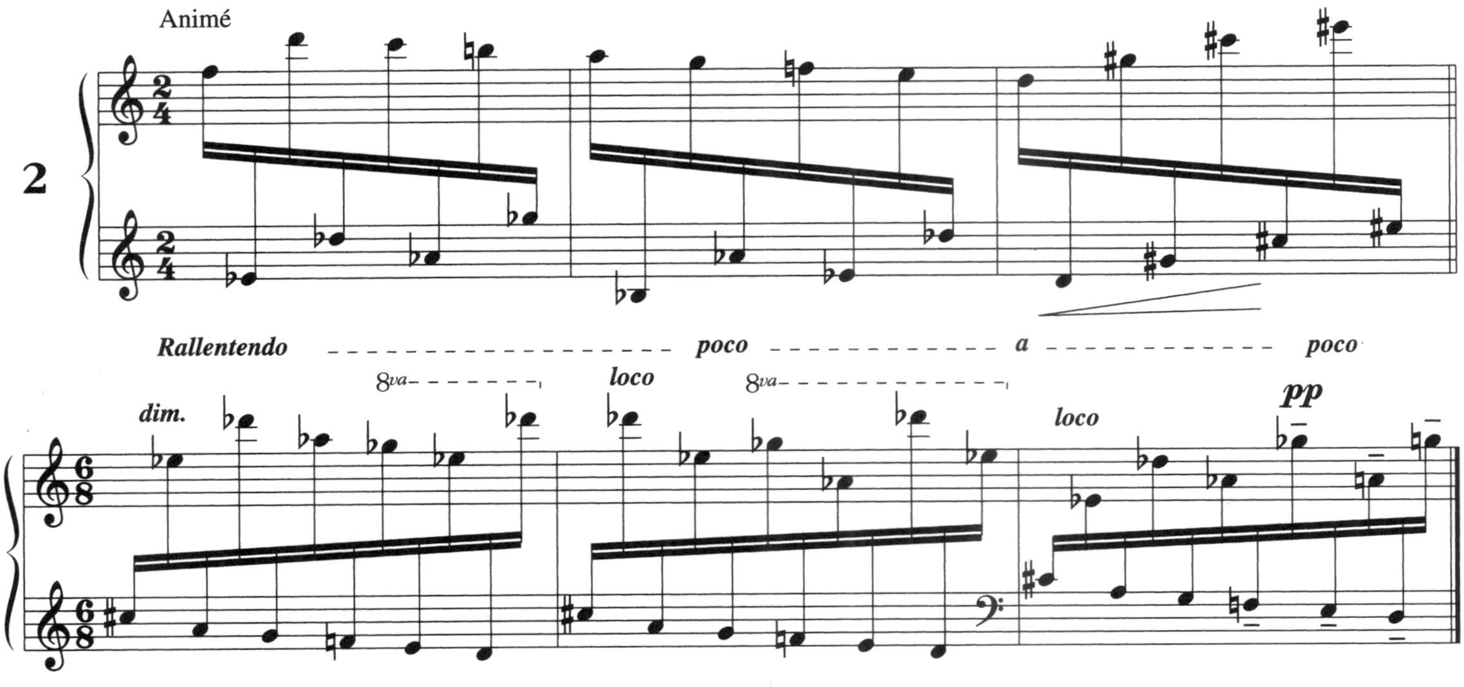

2

L'ASCENSION (III - FINAL)

Olivier MESSIAEN (1908-1992)

3

DANSEUSES DE DELPHES (1er cahier des Préludes) Claude DEBUSSY (1862-1918)

1

MINSTRELS (1er cahier des Préludes) Claude DEBUSSY (1862-1918)

2

4

SIMPLE SYMPHONY (II - Playful pizzicato)

Benjamin BRITTEN (1913-1976)

5

STREICHQUARTETT : "DER TOD UND DAS MÄDCHEN" D - 810

Franz SCHUBERT (1797-1828)

Andante con moto

6

SUITE Nr. 2 (POLONAISE) IN H - MOLL BWV 1067

Johann-Sébastien BACH (1685-1750)

STREICHQUARTETT IN D - MOLL KV 421 (III - TRIO)

Wolfgang Amadeus MOZART (1756-1791)

7 | C.

CONCERTO POUR VIOLONCELLE (I - 1er thème)

Anton DVOŘÁK (1841-1904)

8

TOUT UN MONDE LOINTAIN (I) — Henri DUTILLEUX (1916-2013)

THE YOUNG PERSON' S GUIDE TO THE ORCHESTRA (VARIATIONS AND FUGUE ON A THEME OF PURCELL) — Benjamin BRITTEN (1913-1976)

9

NOCTURNES (I - NUAGES - 2 extraits) — Claude DEBUSSY (1862-1918)

QUATUOR (I - Début) — Claude DEBUSSY (1862-1918)

10

PARSIFAL (VORSPIEL 1. Auszüge) Richard WAGNER (1813-1883)

11 D. 

1

2

3

12

1

2

3

13

1

2

3

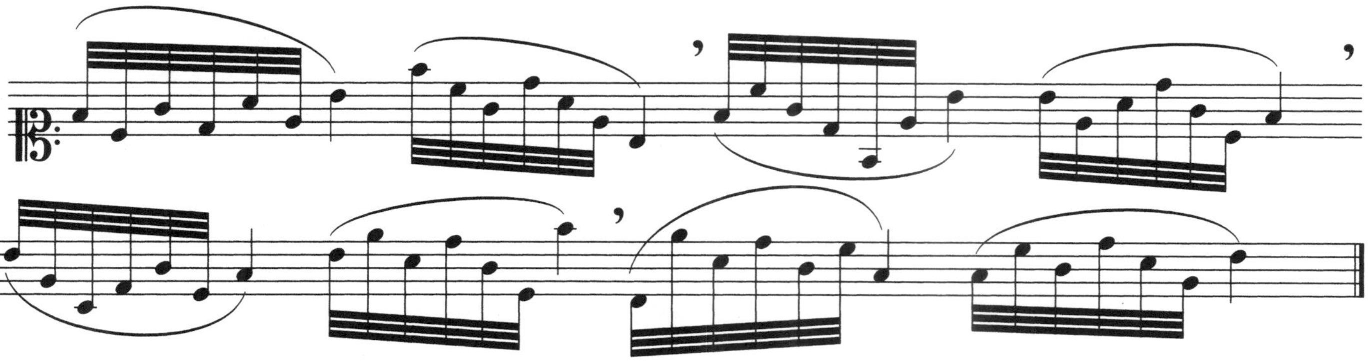

4

14

SYMPHONIE N°9 "DU NOUVEAU MONDE" (II) — Anton DVOŘÁK (1841-1904)

LE TOMBEAU DE COUPERIN (PRÉLUDE) — Maurice RAVEL (1875-1937)

15 E.

16

SYMPHONIE Nr. 2 IN D- DUR (OP. 73) (II) — Johannes BRAHMS (1833-1897)

KLARINETTENQUINTETT KV 581 (IV - Var. 1) — Wolfgang-Amadeus MOZART (1756-1791)

17

KLARINETTENQUINTETT KV 581 (I)

Wolfgang-Amadeus MOZART (1756-1791)

Allegro

IGO - Le Poiré-sur-Vie (Vendée)

EMS FORMATION MUSICALE SOLFÈGE

COLLECTION DIRIGÉE PAR M. BLEUSE, J. DAUCHY, A. HOLSTEIN

Andy ARLÉO - *Am stram gram,*
Comptines et chansons d'Europe
- Vol. 1 : Ann-Ghinn-go (Éveil musical)
- Vol. 2 : Un éléphant se balançait (Initiation musicale 1 à 3)

Louisette CROIX - Aline HOLSTEIN - *Musiques Vivantes*
- Vol. 1 (L. CROIX) : Réflexions sur la psycho-pédagogie de l'éveil musical
- Vol. 2 (L. CROIX) : Éveil *(livre de l'élève et livre du professeur)*
- Vol. 3 (L. CROIX) : Initiation Musicale 1 *(livre de l'élève et livre du professeur)*
- Vol. 4 (L. CROIX) : Initiation Musicale 2 *(livre de l'élève et livre du professeur)*
- Vol. 5 (A. HOLSTEIN) : Initiation Musicale 3 *(livre de l'élève et livre du professeur)*

Jacques DAUCHY - 15 exercices de dépistage de fautes
(textes fautifs et textes exacts)

DIVERS AUTEURS/J.-C. JOLLET - *Livre de mélodies*
(du XVIe au XXe siècle)
- Vol. 1 : cycle I (A) (IM2)
- Vol. 2 : cycle I (B) (IM3)
- Vol. 3 : cycle II (A) (préparatoire)
- Vol. 4 : cycle II (B) (élémentaire)
- Vol. 5 : cycle II (C) (moyen)
- Vol. 6 : cycle III (fin d'études)
- Vol. 7 : cycle III (supérieur)

DIVERS AUTEURS/J.-C. JOLLET - *Mélimélodies*
(du XIe au XXe siècle)
- Mélimélozéro : cycle I (A) (IM1)
- Vol. 1 : cycle I (B) (IM2)
- Vol. 2 : cycle I (C) (IM3)
- Vol. 3 : cycle II (A) (préparatoire)
- Vol. 4 : cycle II (B) (élémentaire)
- Vol. 5 : cycle II (C) (moyen)
- Vol. 6 : cycle III (A) (fin d'études)
- Vol. 7 : cycle III (B) (supérieur)

Jean-Clément JOLLET - *Dictées musicales*
(livre de l'élève avec CD et livre du professeur)
- Vol. 1 : cycle I (IM3)
- Vol. 2 : cycle II (A) (préparatoire)
- Vol. 3 : cycle II (B) (élémentaire)
- Vol. 4 : cycle II (C) (moyen)

Jean-Clément JOLLET - *Jeux de rythmes... et jeux de clés*
Série présentée en 6 langues (français, anglais, allemand, espagnol, portugais, grec)
- Vol. 1 : IM1 (débutant 1)
- Vol. 2 : IM2 (débutants 1 et 2)
- Vol. 3 : IM3 (débutant 2 - préparatoire 1)
- Vol. 4 : préparatoire (préparatoire 2)
- Vol. 5 : élémentaire (élémentaire 1)
- Vol. 6 : moyen (élémentaire 2)
- Vol. 7 : fin d'études (moyen)
- Vol. 8 : supérieur
- Vol. 9 : perfectionnement

Jean-Clément JOLLET - *Lire, entendre, analyser*
Exercices de formation musicale à partir d'œuvres du Répertoire (livres de l'élève et du professeur pour chaque volume)
- Vol. 1 : IM1 et 2 (débutants 1 et 2)
- Vol. 2 : IM2 et 3 (débutant 2 - préparatoire 1)
- Vol. 3 : préparatoire (préparatoire 2)
- Vol. 4 : élémentaire (élémentaire 1)
- Vol. 5 : moyen (élémentaire 2)
- Vol. 6 : fin d'études
- Vol. 7 : supérieur

Jean-Clément JOLLET - *Musicalement vôtre,*
Nouvelle série de lectures de notes et de rythmes avec cahier d'accompagnements au piano pour chaque volume.
- Vol. 1 : cycle I (A) (IM1)
- Vol. 2 : cycle I (B) (IM2)
- Vol. 3 : cycle I (C) (IM3)
- Vol. 4 : cycle II (A) (préparatoire)
- Vol. 5 : cycle II (B) (élémentaire)
- Vol. 6 : cycle II (C) (moyen)
- Vol. 7 : cycle III (A) (fin d'études)
- Vol. 8 : cycle III (B) (supérieur)

Jean-Clément JOLLET - *La musique, tout simplement,*
Parcours complet d'activités musicales. Livres de l'élève et du professeur pour chaque volume.
- Vol. 1 : cycle I (1re année)
- Vol. 2 : cycle I (2e année)
- Vol. 3 : cycle I (3e année)
- Vol. 4 : cycle I (4e année)
- Vol. 5 : cycle II (1re année)
- Vol. 6 : cycle II (2e année)
- Vol. 7 : cycle II (3e année)
- Vol. 8 : cycle II (4e année)

Jean-Clément JOLLET - *Textes pour l'harmonie orale (à l'instrument) et/ou écrite*

Marie-Hélène KISSEL-BOUHEY - *Je m'éveille à la musique*
en 2 volumes

Denis LAMBOLEY - *Théorie de la musique en bande dessinée*

John Richard LOWRY - *Coup de chœur pour le solfège*
- Vol. 1 : 1er cycle (Initiation musicale I, II, III)

Jacques PETIT - *21 leçons de solfège à improviser,*
pour voix et accompagnement piano

Philippe RIBOUR - *Le solfège et le jazz,*
- ***Premier contact*** 14 leçons de solfège chanté (préparatoire - élémentaire)
- ***Le solfège a rendez-vous avec le jazz***
- Vol. 1 : 19 leçons de solfège chanté (élémentaire - moyen)
- Vol. 2 : 14 leçons de solfège chanté (moyen)
- Vol. 3 : 13 leçons de solfège chanté (supérieur)

Josette WUILLÈME - *Sur un fil...*
Éducation musicale complète pour jeunes enfants ; méthode simple et progressive préparatoire à l'étude du piano, en 2 volumes.

DOSSIERS DE FORMATION MUSICALE

C. DEBUSSY - *Sonate (1er et 2e mouvements)* *pour flûte, alto et harpe*
Dossier préparé par Frédérique MORVAN-GIRARDOT
Fin d'études
(livres de l'élève et du professeur)

G.F. HAENDEL - *Water music, suite en ré* *pour trompettes*
Dossier préparé par Aline HOLSTEIN et Jean-Clément JOLLET
1er cycle B : Initiation musicale 3
(livres de l'élève et du professeur)

W.A. MOZART - *Quintette (1er mouvement)* *pour clarinette et quatuor à cordes*
Dossier préparé par Jacques DAUCHY
Moyen
(livres de l'élève et du professeur)

G. BIZET - *Carmen, acte I*
Dossier préparé par Anne LE FORESTIER
Moyen/fin d'études
(livres de l'élève et du professeur)

Gérard Billaudot Éditeur
www.billaudot.com

EXTRAIT DU CATALOGUE DES OUVRAGES DE FORMATION MUSICALE

ÉVEIL

Jean-Marc ALLERME - La clé des chants des tout-petits *(3 volumes avec CD à partir de 4, 5 et 6 ans)*
Andy ARLÉO - Am Stram Gram, comptines et chansons d'Europe *(2 volumes, à partir de 5 et 8 ans)*
Bruno CAMPORELLI - Mes premières années de formation musicale *(volume 1)*
Louisette CROIX - Musiques vivantes (livres de l'élève et du professeur) *(4 volumes, du niveau éveil à IM2)*
Annick DUPLESSIS / Catherine Le BOËTTÉ / Guy REVERDI - Parcours de formation musicale, à partir de 6 ans (livres de l'élève et du professeur ou des parents avec 2 CD) *(volume 1 d' Annick DUPLESSIS et de Catherine Le BOËTTÉ, volume 2 de Guy REVERDY)*
Marie-Hélène KISSEL-BOUHEY - Je m'éveille à la musique *(2 volumes, 1er volume avec CD, à partir de 5 ans)*
Jean-Claude TAVERNIER - Éveil aux rythmes et à la percussion *(à partir de 5 ans)*
Benoît TESSÉ - À le volette, *l'éducation musicale pour les 5-7 ans par le chant et la danse*

COURS COMPLETS

Jean-Marc ALLERME - De l'élève à l'artiste (livres de l'élève et du professeur avec CD) *(4 albums, 1er cycle)*
- Du solfège sur la F.M. 440.
2 séries : lecture/rythme (L/R) et chant/audition/analyse (C/A/A) (livres de l'élève avec CD pour le volume 8 C/A/A et pour les volumes 6 et 7, livres du professeur) *(8 volumes, d'initiation musicale à fin d'études)*

Sophie et Jean-Marc ALLERME - Fa si la solfier *(3 volumes avec CD, pour enfants ou adultes)*
Claude AUGÉ - Le livre de Musique
Jacques CAILLAUD - Cahiers d'exercices *(2 volumes, de débutant 1 à débutant 2)*
Dominique DAIGREMONT - Tutti, solfège associé à la pratique d'ensemble *(2 volumes, 1re et 2e années d'orchestre)*
Marybel DESSAGNES - Jeu de l'ouïe : "tous créateurs !" *(jeu pédagogique de 2e cycle en 3 volumes, livres de l'élève et du professeur)*
Christiane MILLERIOUX / Franck ROBERT / Marie-Christine & Alain VOIRPY - Au fil des notes... (livres de l'élève et du professeur) *(1er cycle)*
Robert DRUET - Initiation à la lecture, au rythme et au solfège chanté *(débutant / IM1)*
- La musique et son langage *(préparatoire / IM3)*

Alexis de GARAUDÉ - Solfège des enfants
Alain GRIMOIN - Leçons progressives de solfège *(3 volumes, de débutant à élémentaire 1)*
Aline HOLSTEIN - Musiques vivantes, vol. 5 *(initiation musicale 3)*
Jean-Clément JOLLET - Lire, entendre, analyser (livres de l'élève et du professeur) *(7 volumes, d'initiation musicale 1 à supérieur)*
- La musique, tout simplement *(cycles I et II)*

Léon LEGRON - Connaissance du langage musical (livres de l'élève et du professeur) *(3 volumes, de débutant à élémentaire)*
Jean-Louis MARTIN - Cours de formation musicale sur des thèmes régionaux *(3 volumes, de débutant 1 à préparatoire 1)*

Dossiers de Formation Musicale sur des œuvres du répertoire
(livres de l'élève et du professeur)

G.F. HAENDEL - Water music, suite en ré pour trompettes, dossier n° 2 proposé par Aline HOLSTEIN et Jean-Clément JOLLET *(degré 1er cycle B - IM3)*
W.A. MOZART - Quintette (1er mouvement) pour clarinette et quatuor à cordes, dossier n°3 proposé par Jacques DAUCHY *(moyen)*
Claude DEBUSSY - Sonate, 1er et 2e mouvements pour flûte, alto et harpe, dossier n°4 proposé par Frédérique MORVAN-GIRARDOT *(fin d'études)*
Georges BIZET - Carmen, acte 1, dossier n°5 proposé par Anne Le FORESTIER *(moyen-fin d'études)*

LECTURE DE NOTES ET DU RYTHME

Isabelle ABOULKER - Musique, mode d'emploi, pour les adultes, pour les chanteurs, et pour tous ceux qui chantent
Marie-Jeanne BOURDEAUX - Leçons progressives, de lecture de notes et de solfège rythmique *(5 volumes, de élémentaire à supérieur 2)*
- Nouvelles leçons de solfège rythmique *(5 volumes, de IM1 à supérieur)*

Chantal CORDIER-FOUCHER - Manuel de lecture de notes 𝄞 et 𝄢 *(IM1 et IM2)*
Gianni DÉSIDÉRY - 20 solfèges à deux voix
Divers auteurs - Si le rythme m'était compté *(7 volumes, de IM1 à moyen)*
Pierre Max DUBOIS - Études mélodiques et rythmiques *(2 volumes)*
Alain GRIMOIN - Textes progressifs *(1 volume, IM1)*
- Rythmes et lecture de notes *(volume 3, IM3)*
- Textes à chanter *(volume 3, IM3)*

Jean-Clément JOLLET - Jeux de rythmes... ... et jeux de clés *(9 volumes de débutant 1 à perfectionnement)*
- Musicalement vôtre *(8 volumes avec les cahiers d'accompagnements piano, de IM1 à supérieur)*

Sophie JOUVE-GANVERT - Croq'notes, pour enfants ou adultes *(3 cahiers)*
Amable MASSIS - 15 minutes de lecture quotidienne
Nicole PHILIBA - 72 exercices rythmiques *(3 volumes, de très facile à difficile)*
- Études rythmiques à deux parties *(3 volumes, de très facile à moyen)*
- Le pouvoir magique du rythme *(3 volumes, de très facile à difficile)*

PIERRE-PETIT - Cent rythmes...ni raison
Michel RICQUIER - La lecture musicale par l'éducation de l'oeil *(livre de lecture horizontale augmenté d'exercices spécifiques aux claviers)*
Dia SUCCARI - Rythmes et lectures classés par ordre *(4 volumes, de débutant 2 à élémentaire)*
Claude VANDAMME - 15 études rythmiques à deux et trois voix
Michel VERGNAULT - Cours de formation musicale *(7 volumes, de débutant 1 à moyen)*

LECTURE CHANTÉE

Jean-Marc ALLERME - La clé des chants (livres de l'élève et du professeur avec CD) *(2 volumes, de IM1 à préparatoire)*
Albert BEAUCAMP - Le solfège contemporain *(5 volumes avec ou sans accompagnement de piano, de très facile à difficile)*
- 10 leçons de solfège progressives, avec accompagnement de piano

Roger CALMEL - Le tombeau de Gabriel FAURÉ (livres de l'élève et du professeur) *(élémentaire-moyen)*
Marie-Luce LUCAS / Henri-Claude FANTAPIÉ / Dia SUCCARI - Cours de formation musicale (livres de l'élève et du professeur) *(7 volumes, de débutant 1 à moyen)*
Alain VOIRPY / Jack HURIER - Lectures chantées avec accompagnement de piano *(3 volumes, cycles I à III, livres avec CD)*
Pierre-Max DUBOIS - Variations progressives pour les premières années de solfège (livres de l'élève et du professeur) *(3 volumes, de débutant à élémentaire)*
Jean-Clément JOLLET - Livre de mélodies *(6 volumes, de IM1 à fin d'études)*
- Mélimélozéro *(IM1)*
- Mélimélodies *(7 volumes, de IM2 à supérieur)*

Sophie KREBS - Enfantillages, jeux vocaux *(4 volumes, de IM1 à préparatoire)*
John Richard LOWRY - Coup de chœur pour le solfège *(volume 1, 1er cycle)*
Patrick NÉDELLEC - 15 exercices d'intonation
Nicole PHILIBA - Solfège dans le style italien (livres de l'élève et du professeur) *(5 volumes plus un volume 5 version simplifiée)*
- Le rythme par l'incantation *(2 volumes, de très facile à moyenne difficulté)*

Elyane PLOCHEL-SEGUY - Allo ?!...les notes *(IM1, 2 et 3)*
Philippe RIBOUR - Le solfège et le jazz : premier contact
- Le solfège a rendez-vous avec le jazz *(3 volumes, d'élémentaire à supérieur)*

Consulter également notre catalogue d'enseignement théorique

Gérard Billaudot | Éditeur

www.billaudot.com

EXTRAIT DU CATALOGUE
DES OUVRAGES D'ENSEIGNEMENT THÉORIQUE

FORMATION DE L'OREILLE

Pierre Max DUBOIS - Études mélodiques et rythmiques *(volume 3)*

Réjane GAQUÈRE - Courbes d'intervalles

Pierre-Yves LEVEL - Dictées pour la préparation au CAPES et à l'agrégation *(2 volumes)*

Nicole PHILIBA - 60 dictées musicales à 1 voix
(5 volumes de débutant à très difficile)
- 80 dictées musicales à 1 voix
(5 volumes de débutant à très difficile)
- 30 dictées musicales à 2 voix
(2 volumes de très facile à difficile)
- 45 dictées musicales à 2 voix
(débutant)
- 52 dictées musicales à 3 voix
(moyenne difficulté / difficile)

ANALYSE / THÉORIE

Élie BOHBOT - Abrégé de musique orientale

Jacques CASTÉRÈDE - Théorie de la musique

Anthony GIRARD - Analyse du langage musical,
- volume 1 : de Corelli à Debussy
- volume 2 : de Debussy à nos jours

- Les cahiers d'analyse musicale,
- Le Langage musical de Debussy dans les *Douze études* pour piano
- Le Langage musical de Haydn dans les *Six Quatuors* opus 76
- Le Langage musical de Chopin dans les *24 préludes* pour piano
- Le Langage musical de Bach dans le *Clavier bien tempéré volume II*
- Le Langage musical de Schubert dans *La Belle Meunière*
- Le Langage musical de Bartók dans le *Quatrième quatuor à cordes*
- Le Langage musical de Stravinsky dans *L'Histoire du Soldat*
- Le Langage musical de Mozart dans les *Six premières sonates* pour piano
- Le Langage musical de Ravel dans le *Quatuor à cordes*
- Le Langage musical de Beethoven dans la *Grande Fugue*

Denis LAMBOLEY - Théorie de la musique en bande dessinée

Louis MARTINI - Précis élémentaire de théorie musicale

Alain ZARDÉ / Jacques ÉRARD - Exercices de formation musicale
(3 volumes, de débutant 1 à préparatoire 1)

Alain ZARDÉ / Catherine GRABOS - Exercices de formation musicale
(4e volume, degré préparatoire 2)

HARMONIE / IMPROVISATION

Fernand ANDRIEU - Manuel d'harmonie, pour débutants

Tatiana ALFEROFF-LEHONGRE - Jazz : improviser, oui, mais comment ? *(2 volumes)*

Gérard BOUGERET - Leçons d'écriture d'après la pratique des compositeurs
(3 volumes : 1er, 2e et 3e cycle d'harmonie des C.N.R. et 1re et 2e années du D.E.U.G. et licence de Musique)

René CHAMPIGNY - Traité de contrepoint tonal - le contrepoint d'espèce

Georges DANDELOT - 20 leçons d'harmonie
(textes et réalisations)

Jacques DAUCHY - 20 textes d'harmonie
(textes et réalisations)

Yvonne DESPORTES - Guide d'improvisation

Yvonne DESPORTES / Alain BERNAUD - Manuel pratique pour l'approche des styles de BACH à RAVEL

Yvonne DESPORTES - Traité d'harmonie en 20 leçons
- Réalisations des textes du Traité d'harmonie
- L'harmonie en 20 leçons, devoirs supplémentaires
(textes et réalisations)
- L'initiation au langage musical
(3 volumes de leçons de solfège à trois voix)
- 30 textes dans les modes pour l'harmonie écrite ou orale
(textes et réalisations)
- 50 leçons d'harmonie
(textes et réalisations)

Henri LE BRAS / Marc LAJARRIGE - L'harmonie par la guitare classique

Jean DOUÉ - Étude technique et stylistique de l'harmonie

Isabelle DUHA - L'harmonie en liberté, de la mémoire à l'improvisation

Anthony GIRARD - L'Orchestration, de Haydn à Stravinsky

Jean-Paul HOLSTEIN - L'harmonie en 60 leçons
(textes et réalisations)
- Thèmes pour la préparation au CAPES
(2 volumes)

Jean-Clément JOLLET - Textes pour l'harmonie orale et/ou écrite, tirés d'œuvres du répertoire

Jacques PETIT - 21 leçons de solfège à improviser

Lucie ROBERT - Approche de l'analyse harmonique

Alain ROIZENBLAT - Nouveaux textes d'harmonie
(textes et réalisations)

Pour tous les autres ouvrages d'enseignement théorique, se reporter à notre Catalogue Formation Musicale

Gérard Billaudot | Éditeur

www.billaudot.com